ASSOCIATIONER OCH TANKEHOPP

II

LEIF ROBERTSSON

ASSOCIATIONER OCH TANKEHOPP

II

Omslag: Leif Robertsson

Förlag: BoD · Books on Demand, Östermalmstorg 1, 114 42 Stockholm, bod@bod.se
Tryck: Libri Plureos GmbH, Friedensallee 273, 22763 Hamburg, Tyskland

ISBN: 978-91-8080-962-7

En av de ca 70 000 tankar, vi sägs tänka varje dag, gav mig idén att skriva en långdikt där jag med hjälp av rim och associationer återger en tänkt tankekedja.

Eftersom jag så mycket njöt av att leka mig fram bland alla ord som dyker upp i hjärnan under en tankedag och en diktmassa rann ur mig ganska lättsamt, bestämde jag mig för att skriva en till.

Jag kunde helt enkelt inte stoppa alla ordkrumelurer som tumlar runt i huvudet när jag minst anar. Konstiga associationer, en otyglad radda av tankar som griper in i varandra och språkliga krumsprång har landat i en ny bok av samma karaktär som den förra. Den enda märkbara skillnaden är att jag här har uteslutit alla skiljetecken.

Här föreligger nu Associationer och tankehopp, förhoppningsvis till läsarnas stora nöje.

Se upp, det kanske kommer en nr III så småningom. Man vet inte.

tankar om allt

mellan himmel

och jord

ord ord ord

som sköljer

genom hjärnan

blir lätt förfärad

besvärad opererad

uppskuren insvuren

i hemligt sällskap

en kuslig skara

en kurs i Vara

folkhögskola

kunskap manskap fanskap

sprids som en löpeld

i öppet landskap

7

en diktning som

pekar ut en riktning

besiktning av

det ifrågasatta

kratta i manegen

förtreten som förmedlas

av poeten

växer meter för meter

en massa sovjeter

som heter Boris

bor i Paris

förorter skidorter

ogjort är avgjort

inte fullgjort

medelstort är

ganska lagom

dessutom enkom

för en liten skara

bara några stycken

smycken

ansiktsuttrycken

fingeravtrycken

avslöjar tjuven

som dyker

stryker medhårs

klappar katten

ditten och datten

Pellefnatten

ett möte i natten

Goethe med kravatten

han med den stora hatten

söker en åder av vatten

slagruta kulspruta hänskjuta

till nästa möte

söte lelle göteborgarn

mötte i natten

9

en pajsare

en GAISare

en snubbe som

satt på en stubbe

och berättade vitsar

och historier om

Kal och Ada

han heter förresten Glenn

han ä en go en den

den änden av historien

har vi ännu inte sett

en trerätters middag

med fisk som huvudrätt

en smarrig hallondessert

som efterrätt

mätt i magen

resten av dagen

dragen vid näsan

av de uteblivna

kulturbidragen

gör en skulptur om dagen

av de vackra behagen

bedragen beslagen

med lögner

om budgetförslagen

utgett förlagt

letar och söker

röker och snusar

berusad av kärlek och

proppmätt av lammstek

en grek som svek

blev trött på kärlek

såg rött och gallskrek

tills ilskan bedarrat

granen har barrat

bisarra historier

om planen som

försvann i orkanen

arian som sjöngs

av mezzosopranen

vars man är en

samvetsgrann

ämbetsman

i statens tjänst

den stackars saten

tjänare tjänare

hojtar den annalkande

figuren är det

den fruktade diktaturen

passar vi oss inte

har vi den snart

inpå knuten

på veckosluten

gör vi mest ingenting

12

kanske studerar vi

Mingdynastins

vackra porslin

eller så kör vi

en tvättmaskin

tvätta och städa

hyvla en bräda

beträda en ömtålig tå

det gör ont

så in i vassen

du får väl

dra till dig tassen

diktarna på

parnassen tar sig

gärna ett glas vitt

efter att ha smitt

en vers eller två

för att framstå

i bättre dager

antropofager intager

gärna en hjärna

det är allvar nu

vi är ju inga

barbarer råskinn

och vildar bildar

utbildar avbildar

en söt liten katt

priset på el är satt

alldeles för högt

på grund av

tokigheter i politiken

konstkritiken finns

knappt i verkligheten

mitt i smeten på

moderna muséet

står geten och bräker

känner sig säker

på att såren läker

med tiden

koldioxiden

som hotar förstöra

livet på jorden

om inte de som har

makten tar sig i kragen

och lyssnar på orden

från framtidens barn

på den utsatta jorden

de olösta morden

de slagna rekorden

avslagna inslagna

beslagna med lögner

som upprepas och

till slut blir en sanning

underbemanning

ingen rast och ingen vila

går in i väggen

inläggen utläggen

vid söderväggen

växer häggen

hög och bred

de förlorade äggen

åt vi med

gaffel och sked

genomled ett jordskred

i Kållered

Tord skrev ett brev

fullt av visdomsord

sen slängde han

allt överbord

dängde näven

i bordet och

satte ner foten

kvoten är täljaren

dividerad med nämnaren

nämnde jag hämnaren

nä men du svamlade

något om hammaren

som du glömt eller gömt

bakom nästa krök

där du tog dig en rök

sök och du ska finna

sno dig om du ska hinna

innan det börjar brinna

det brinner i knutarna

glasstrutarna smälter i solen

slicka i dig av berömmet

bedöm ett fett trumsolo

spela polo piccolo piccolaflöjt

undanröjt ett svårforcerat

hinder lyssnar på Little Jinder

jag binder en krans åt ditt hår

jag tänker på dina lår

men de angår ju inte mig

så förlåt mitt klavertramp

nu tar jag avstamp och

reser mig och går

slickar mina sår

jag minns det som igår

det ska inte hända igen

mitt namn är Glenn

jag är en go en

sen återstår

inte mycket mer

jag brer mig en macka

du får snacka med Nacka

Skoglund om en stund

i Sveriges fotbollsförbund

nej jag bara fantiserar

bäst jag blockerar

mina tankar hankar mig

fram i livet tar klivet ut

i arbetslivet

ett oskrivet blad

en känslig ballad

i vår huvudstad

en kapital katastrof

filosofen filosoferar

artisten agerar

strebern frotterar

sig med societeten

geten står

fortfarande kvar

mitt i smeten och

bräker självsäker

så det stör

man blir alldeles mör

i bollen

klimatkollen

riktar allvarlig

kritik mot trollen

tappar kontrollen

och sparkar på

bollen i affekt

man blir alldeles

förskräckt

av styrkan i vreden

knäcker ett ben

fy för den lede

ortopeden

i Kvarnsveden

får bruk för sin

medicinska bildning

en bild i ortens tidning

tryckt på papper från

stadens eget bruk

pappersnäsduk

vattensjuka

förfriskningar

serveras i pausen

vaxljusen fladdrar

av draget

hejar på Gnaget

laget som gillas av

både Black Army

och monarken

tar mod till mig

och lägger sen frisparken

in i Kungsparken

sjung och dansa

ansa skägget

pålägget ägget

upplägget var

inte det bästa

får man fresta

med ett glas sherry

eller kanske

Dom Perignon blanc

serverad vid 8–10°C

totally fabulous

som en fin aperitif

efter middagen sen

en söt digestif för att

befordra matsmältningen

gynna peristaltiken

och slippa koliken

politiken undviker vi

att diskutera hellre pratar vi

om teater och opera

bara han inte börjar raljera

om värdinnans yppiga företräden

ympningen av äppelträden

är ett tryggare samtalsämne

snyggare kavaljer

får man leta efter

finns knappast

i dessa villakvarter

Greta Agneta och Margareta

blir alldeles till sig

de börjar svamla om

puder och hårsprej

nåja allt slutade väl

middagen räddades

av en tonårstjej

som drog till sig

all uppmärksamhet

när hon sket i etiketten

snöt sig i servetten

och utbrast i ljuvligaste

skönsång hon har ett

imponerande röstomfång

fick applåder för sin

käcka chanson

ett härligt hålligång

uppgång och fall

mellan stolarna

polarna ska ut och lira

ta sig en bira och fira

att skolan är slut

kanske resa söderut

hjälp där kommer

en snut tittut

dåliga försvarsbeslut

den gamla rysskräcken

utan vinterdäcken

rör vi oss inte ur fläcken

BK Häcken sparkar

bollen i näten

bokklubben läser lusen

av majestäten

bortalaget vill ha revansch

mot laget som är orange

tränaren tar fram

sin plansch och försöker

förklara att vi måste sikta

mot det onåbara

spara på våra krafter

och vartefter som

matchen fortskrider

bestrider vi

alla domslut

dum som en strut

skriker vi i kör

dom springer omkring

med järnrör

25

och torgför sina

konspirationsteorier

vi kräver garantier

att de inte väver

ett nät av fantasier

fantasyserier på tv

breve låg brevet

som kom fram till slut

Knut har väntat

i flera dagar

tänker att de har väl

inrättat nåt slags

rationaliseringsinstitut

det har ju hänt förut

samhällets fundament

är i fara när man

börjar spara och privatisera

ponera att man

istället bygger ut

och inte bara raserar

för de som mest behöver

ska man resa söderöver

eller norrut ett veckoslut

behöver man lita på att

tåget går som planerat

en pålitlig tidsplan

med mera sanera polera

en vacker yta

kan dölja en rörig gryta

bryta osunda vanor

tänka i nya banor

honor och hanar

bakfram och

om varandra

vandra i fjällen

sova under fällen

bli på smällen

fredagskvällen

kan bjuda på

diverse överraskningar

skapar ringar på

vattnet badvattnet

regnvattnet har vattnat

rabatten i vårnatten

energidebatten i

riksdagens kammare

kunde vara trivsammare

fruktsammare måste

få bukt med alla

kärnkraftskramare

yxskaft hallonsaft

om vi ändå hade

haft en bra klimatdebatt

och sluppit allt skitprat

och politiker som slingrat sig

och ljugit och folk inte

hade flugit så himla mycket

men det konststycket

verkar väldigt avlägset

i dagsläget ränteläget

skall vi inte tala om

nej ta dig en svängom

vänd om och kom tillbaka

därom talte Zarathustra

i sinom tid och androm

till varnagel och stundom

även en lagom

dos av hagel och snöglopp

som att ha tagelskjortan

på sin bara överkropp

sen på det en vagel

i ögat inget man önskat

nej fy sjutton arton nitton

Hugo fyller tjugo denna

vinter han får korinter

och hyacinter

inte ser han glad ut

föröver har vi land i sikte

kanske är det Marstrand

där spelade ett coverband

fick vi höra i efterhand

vi parkerar vår Rover

av årsmodell tvåtusen

mellan husen lusen retas

och biter parasiter riktiga

banditer meteoriter

far runt i rymden

kommer hit ibland på visit

en favorit i läcker kolorit

knäcker nötter hit och dit

skicka hit en smäcker

läckerbit ett glas akvavit

och en liten sockerbit så söt

gröt är annars

en variant och kanske

en brödkant galant serverad

på ett silverfat mat i all ära

men mätt och belåten

vill man se en film

kanske barntillåten

hitlåten i lurarna

se där springer

alla de andra tjurarna

hustrurna och makarna

redo att bada skadeglada

omgjorde sina länder

utan mellanhänder

sänder direkt i public service

inte precis kattpiss

om man så säger

nej goa grejer

skall det vara

snälla rara Sara

från Skara besvara

mina enträgna propåer

jag står här framför dig

i mina slitna trikåer

och våndas över mina

låga pensionsnivåer

några större depåer

har man ju inte

den argsinte ministern

som inte lyssnar

man går miste

om välbehövliga

höjningar fördröjningar

snöröjningar adjö plöjningar

harvning och sådd

slask och modd

grådask ramlat pladask

som en annan puttefnask

mannan som fallit

från skyn en syn

man inte glömmer

går omkring

och dagdrömmer

jag dömer ingen ohörd

vilseförd avförd

avträde

tre hål på ett bräde

sammanträde

jamma utan inträde

ett melodiskt omkväde

en hegemonisk stat

33

ett himla tjat

om makt och inflytande

ett halsbrytande tankehopp

till en rytande storm

i ett vattenglas

eller en flytande

form som undandras

all igenkänning smålänning

värmlänning klänningen med

det behagliga dekolletaget

sticker i ögonen

gör det kungliga apanaget

mor Courage och

den goda människan i Sezuan

ni ska kanske se en pjäs

i höst till tröst sydöst

sydväst i alla väder

en fjäder i hatten

34

ett glas vatten med en storm

norm rättesnöre den talföre

som pratar före han tänker

dränker sina sorger i ett

stormigt glas en blandras

med utmärkt grace

Clas Ohlson har

allt man behöver därutöver

är bara meningslöst kopiöst

med grejer säger jag

och vänder i dörren

förr än man anar

kommer svanar och gäss

som ett brev på posten

med adress poste restante

det ante mig att Dante

Alighieri dog i Ravenna

inte i Gränna som jag alltid trott

infernot purgatorio paradiso

bara di som har syndat

hamnar längst ner

alla vi andra ha ha

ondska finns inte i vårt DNA

jättebra bondska dialekter

är som defekter på språket

drömska lömska antydningar

om tänkespråket annat tar vi

ej på allvar hoppas de

drar åt fanders annars

berättar vi för fader Anders

och statuerar exempel

som är lömska

en stämpel av glömska

i mitt tempel målar jag

med vackra klanger

och volanger hämtade

från Stavanger

med det samma

ja anfäkta och anamma

damma av vår gamla

pinsamma flamma

famla efter minnen

som är sanna

smaka finska pinnen

kaka på kaka dubbelhaka

bubbel i glasen gasen i

botten lotten är en nit

hit men inte längre

trängre och trängre

i soppkökets kö i Växjö stad

på samma breddgrad

som Kodiak i Alaska

en flaska vatten

med en fjäder i hatten

37

kommer Pellefnatten

åter som ett déjà vu

vad sjunger du nu

vad står på min vän

tag din säng och gå

apropå inget särskilt

jag gillar att du bär kilt

och även din snygga rygga

ifrån fjällräven en vandringsstav

i näven sen begav du dig

av i trav den resan var inte oäven

sa räven till alla påhejare

som har skrikit sig hesa

en pöbel som skäms

i sin nesa jäms med fotknölarna

hoppar i pölarna

droppar i timmar efteråt

men det gjordes i bästa uppsåt

38

den rättsliga processen

omskrivs i dagspressen

demonstranter går

i bräschen och retar gallfeber

på noblessen en celeber

deltagare en mottagare

av folkets jubel regisserar

julspel på barnens dagis

tränar stadens tjejlag

och hamnar lätt på svag is

han jobbar på ett

marknadsundersökningsföretag

och är jäkligt trött

på jättelånga ord

han ser rött om de

hamnar på hans skrivbord

sekretär eller pulpet

vägrar hantera radioaktivitet

impregneringsverksamhet

eller familjeangelägenhet

skilj på lägenhet och våning

ett hemtrevligt appartemang

med möblemang i stil och form

som tyder på ett visst

raffinemang kanske

bor här en artist solist

eller bara en statist

med vitaminbrist

en exhibitionist

som vägrar dra för

gardinen och gärna

visar upp stubinen

han är född Nordin

men heter nu nåt annat

häri ligger ironin

tag nu så vartannat

av diverse glatt

ihopsamlat skratt

fördela jämt mellan

hästkraft och kilowatt

flest poäng fick den som

tog sig en svängom

hurusom domarna

tagit till sig av lärdomarna

förtäljer ej vår historia

Viktoria kanske förlorar

sin hjältegloria men

smälte promemorian

i ett nafs tyckte det

var tjafs och drog till havs

slog ett slag för skogen

är ju ganska så förtrogen

med både danska och spanska

en skål med småfranska

skål min sköna gröna höna

en böna så grön

min knappa lön

kanske räcker

till en portion

haricots verts

krävs ingen instruktion

vid tillagning

matlagning är ju inte

raketforskning

vid trettionio minns man att

man som barn i synnerhet

lekte med brio

och sjöng o sole mio

vid sextio längtar man till Rio

men nöjer sig dock

med att gå på bio

det dröjer nog

med tanke på vädret

man kan ju alltid

ta fram lädret och sparka

lite för skojs skull

sprängfull av hypoteser

tack för att ni reser

tillsammans med

lankeser och kineser

bär numera proteser

efter att ha gått

bärsärk iklädd endast

en gammal särk

på glashal bädd av

finaste lärk

sans och balans

i stans och statens budget

där tittar geten fram igen och

även Glen han som är en go en

säger en massa förnumstigheter

och dumheter aldrig något

nytt men vädret med

Lisa Frost medan jag intar

min långa frukost

det har varit nattfrost

schweizerost och beundrarpost

som aldrig kommer fram

men det ankommer

inte på mig att kommentera

det kan ju rendera flera

hundra tusen miljoner

muntrationer

alltid retar det någon

postiljon som håller

inne med beundrarbreven

en släng med sleven

Kalle Schewen

majgreven apar sig

med blomsterkrans

i håret

fåret och grodan

hoppar och skuttar

slår sig på låret

det var väl det enda

som hände det året

på spåret

järnväg eller grusväg

spelar ingen roll

jag har ändå ingen koll

en sträng stalledräng

har ett gött häng

vid nästa skjutshåll

sätter upp en banderoll

om distriktsmästerskap

i fotboll minns när Nicole

Kidman var i Trollhättan

den spättan går inte av

för hackor

nu är dags att ta på

våra vinterjackor

hyskor fransyskor

allmogen springer

runt i snårskogen

och plockar riskor

och Karl Johan som

är övermogen och

äten av maskar

som smaskar i sig

av all svampen

medan vi tittar på

fotbollslandskampen

jaja vad ska man säga

långväga gäster är här

för att äga en sanning

utan att överväga

sina väl valda ord

en hemmagjord

filosofi grundad

i empiri och lite alkemi

läser både kåseri och poesi

det jäser uti rättens krater

soldater skickas ut i världen

att dö för maktens hegemoni

ett sånt slöseri

skådar en horisont

på väg mot Vermont

bebådar benådar

beskådar absurdismen

i kulturimperialismen

Coca Cola McDonalds

och Madonna såna

uttryck för det

vi tror oss kräva

borde kvävas i sin linda

naggas i kanten

betalat panten

med den sista slanten

de förlista skeppen

driver planlöst på haven

den flygande holländaren

grundstöter och försvinner

spårlöst hinner inte tänka

tanken klart

fanken så förutsägbart

far fram i överljudsfart

landar norröver

efter en undanmanöver

som heter duga

tar sig en fruga

och skaffar sommarstuga

dammsuga mata gamarna

medan porträtten

tynar bort i guldramarna

och reklamarna

tjänar klöver

behöver inte jobba

så mycket framöver

därutöver finns inte

mer att säga sammanväga

långsökta funderingar

okrökta hårstrån på blondinen

puttar på den välklippta greenen

medan hängbukssvinen

pingvinen och jakobinen

flyr undan giljotinen

försvinner i skymundan

efter artonhålsrundan

övervinner sin skräck

för skärmaskinen

påminner lite

om en säck fylld

med hö

ryck upp dig

tänk på din fästmö

i Växjö

som ligger på en breddgrad

som överraskar

långt norr om Madagaskar

i mångt och mycket

mister vi hela stycket

blodtrycket stiger

i takt med en diger

lista av uppgifter

och pålagor

läser diverse gudasagor

medan flagor av färg

faller från fasaden

Gamlestaden belägen

mellan älven och

Kortedalavägen

dit ska konsthallen

flytta enligt hörsägen

är den i vägen

där den ligger nu

undrar en grannfru

kunde lika gärna flytta

till Katmandu

samhällsnytta kullerbytta

kanske egennytta

vad vet jag

vad vet du

en tidningsintervju

ger inga svar

farfars far

körde rally i Dakar

den som spar

han har

men får gå med

svansen mellan benen

jeansen blir

trånga i grenen

fånga lyckan i farten

hoppas få lejonparten

proppas full med godis

eller andra nyttigheter

följer inga dyra dieter

inga jobbiga restriktioner

var och en får ha

sina fasoner

grevar och baroner

får nöja sig med

måttliga ransoner

svår blir vägen mot

en sundare livsstil

C G Hammarlund

körde säkert Volvobil

på land räknas

inte sjömil

den argsinte får

lätt en örfil

hett om öronen

det kan alla få

alltså hurdå

menar du

jo om du reser till Peru

så kan du se

nationalparken Manú

sen kan du besöka Fatima

i Lima och prata om era

intima och helt legitima

möten i det förflutna

och era oförtrutna

försök att få ihop det

dock olyckligt avbrutna

av formaliteter och

moraliteter

tittar numer gärna

på kometer

hur många meter

är en ko

alltså Baloo

vad ska nu hända

med alla insända

manuskript om hans

tama trollslända

avsända från hans

splitternya skrivarlya

får väl åter en

verbal spya

en banal och kvalfull

elegi över en försenad

pubertet en sketen skröna

blev domen

han får böna be och le

med huvudet på sne

överse med detta

åka på turné och berätta

om de fjäderlätta vingarna

ringarna på vattnet

sprider sig över ofattbara

hundra kilometer

tänk dig alla sevärdheter

absurditeter och andra

aktiviteter som du kan

ta del av som att simma

i världens största innanhav

se en strimma av hopp

in i dimman vid midnattstimman

eller bestiga en snöklädd alptopp

göra ditt första fallskärmshopp

tjolahopp tjohej

stopp och belägg

kör in i en bergvägg

förför en hel kammarkör

hör en skör liten röst

som klingar så vackert

sveper fram över nejden

på vingar som tack för ert

vänliga bifall Allan Edwall

trallvänliga visor

knall och fall i Hudiksvall

drabbar alla lapplisor

och en schyst revisor

tyst inte ett knyst

över mina läppar

beredd på svåra köldknäppar

längs våra vägar

nya röda fina snökäppar

vintern plägar numera

vara grå och slaskig

försöker visualisera

en tanke ej så jäkla taskig

den kärlekskranke slanke

grabben Frankes fantasi

om det ena och det andra

bör ej nämnas i sällskap

utöver närmsta kretsen

hur ska det bli med allt

med denna hetsen

tänk på att fyra elefanter

är faktiskt mer

än en massa myror

åtminstone om

man ser till omkretsen

löjtnanter och mutanter

sextanter för navigering

en avisering om justering

av våra bostadshyror

ohyra obskyra och dyra

livsmedel drivmedel och

diskmedel friskare fiskare

på en båt vars diskare

slarvar med sköljningen

vänta på uppföljningen

den undermåliga

underhållningen

undermålningen finns

inget att klaga på

två små hundar

svåra få att sitta

på gamla dar

han är väl för rar

han är visst bulgar

eller kanske ifrån

Borstahusen

blir lite frusen

när han står vid havet

och tittar ut mot Ven

han längtar till Aten

tänker bli flygkapten

när han blir stor

han har en bror

som jobbar på kontor

syrran däremot

är utbildad stridspilot

hon saknar

visserligen högerfot

men två vänster

kan ingen klaga på

hon har ett påbrå

värt att åtrå

pappa eskimå

och mamma har en

turkosblå vinterkappa

gjord av nappa och

lyssnar gärna på

Frank Zappa

hon är född i Luleå

har några pyttesmå

tatueringar och även

ett par piercingar

strategiskt placerade

älskar glaserade mazariner

och chokladpraliner

en dalmatiner

springer runt och skäller

bageriet i kvarteret nyanställer

där avges en förförisk

doft av hembakt

springer spikrakt

dit och köper bullar

och brödkakor

allt för att underhålla

mina dubbelhakor

undersöker underkäken

kälken glider på skaren

i istider den rare haren

jagar den stridbare staren

vare hur som helst

med den saken

maken har ansatt

rabatten som var

ansatt av ogräs

han körde sin jordfräs

både hit och dit

vunnit och erhållit

ett pris en spis

gjord av masonit

den brinner bra

bränder i många länder

nånstans drog det

fram en orkan

och häromdan

den översvämmade

jordbruksmarken

och en skog

ansatt av granbarkborren

orren spelar inte längre

det blir trängre för

ekorren på tallegren

vad ska vi göra

vi måste agera

blockera och demonstrera

demoner och drakar

och annat knytt

har flytt

in i det förgångna

fångna i gångna tider

omsider kommer han

gående i sina nya kläder

och bara barnet ser

vad ingen annan anar

alltfler anser numer

att diagram och statistik

är bara politik

allvarsam och vederkvickt

går omkring med

gammal gikt

inget är sig likt

63

i Mölndal

halkar på ett bananskal

in på en räkmacka

hade varit att föredra

aha jaha halleluja

i Panama binds

oceanerna ihop

inte med rep och knop

istället har man

grävt en grop

igenom hela landet

dansbandet spelar

så det står härliga till

i vikar och vassar

simmar makrill och sill

Emil är lite kär i Jill

och kanske också i Elinor

men hon bara knycker

64

på nacken och går

hon spelar saxofon i bandet

ska turnera över hela landet

inarbeta utarbeta polkabeta

en stapelvara i grönsaksdisken

risken finns att fisken

tar slut i havet

att det är illa ställt

med humanismen

är tvivelsutan ett problem

men viktigt är förstås

att valutan är i balans

med riksbankens prognoser

om framtida trender

i finansinstituten

för det krävs viss klärvoajans

en slags sällskapsdans

nonchalans och dekadans

stapelbara varor spar

plats i förråden

statsråden debatterar

åtgärder mot terrordåden

vi måste försvara

våra landområden

säger ministern med

bister min därför skaffar

vi vapen och allierade

så vi kan slå till

i självförsvar förstås

allt föregås av en grandios

idé om våra suveräna

svenska värderingar

vi skrattar och

slår oss på knäna

vilka tokiga generaliseringar

blockeringar av hjärnans

normala funderingar

den tindrande stjärnans

ljus har färdats till oss

i miljoner år

det är inget man

trollar fram

ur första bästa snår

till Singapore är det inte

lika långt om man jämför

ännu kortare är det till Kungsör

det ligger ju en bit ovanför

Katrineholm och Vingåker

spelar poker

ett tämligen mediokert

resenöje medan

leråker efter leråker

svischar förbi utanför

kupéns immiga fönster

Göran Persson är väl

inget dygdemönster

men en hygglig statsminister

var han om man jämför

hör vad dom säger i kör

från arbetareparti

till lobyistiskt hyckleri

skrupelfri

där fick dom tji

bättre avslöja

all denna skatteflykt

till paradis som Jersey

Schweiz och Bermuda

förbjuda allt skattebedrägeri

hellre det än att jaga folk

som fuskar lite med bidragen

det skulle ge mycket

mera skattekronor

till statskassans ekonomi

äntligen feberfri

legat bakom ett grått draperi

molnfri himmel därute

inte en gute i sikte

letar ett bekant ansikte

i mängden det håller

inte i längden

tvärtom som allom bekant

träder där fram en

liten tant frappant galant

och charmant glider hon

fram med sin rullator

på stadens stensatta gator

med skor av alligator

en usurpator som inte

ber om ursäkt för sin existens

du får be om audiens

om du vill henne något

hur länge har detta pågått

tiden är ingenting

bara ett påhitt

säger de som förstår

kanske inte helt oomstritt

men ändå ganska riskfritt

att hävda något så

oproblematiskt

dogmatiskt

det går automatiskt

det går som på räls

säg att du handlar på

Billhälls du ska bara ha

en burk Campbells

tomatsoppa

att shoppa går ju

som tåget

burken kärlet ja tråget

som du ska fylla

ta lite bukfylla

från första bästa hylla

hylla en segrare

the winner takes it all

anlita en sångare

och utbringa en skål

får i kål smakar som kofta

sa Hasse fyll din kasse

med polkabeta

och andra rotfrukter

ångkoka och servera

med rikligt med feta

lyssna på Greta

trumpeta ut sitt budskap

hennes kunskaper är genuina

hon kämpar för klimatet

71

och för att Palestina

ska slippa höra

bomberna vina

samma gäller Ukraina

som kämpar för fred

och frihet

Alfred hör en

trumpet som ljuder

över Bottniska viken

en örn seglar på termiken

även Esbjörn finns

med på ett hörn

han får en törn

och ramlar ner i Mjörn

samlar på sig några

tomma tunnor som

skramlar mest av allt

han frös i vattnet

som var isande kallt

han ser en harpalt

skutta fram på stranden

den är på randen

att dråsa i

men Åsa och Anneli

hinner fram i tid

och räddar Jösse

som emellertid

springer raka vägen

hem och tar på

sin lilla mösse

glad och tacksam

över livet

det är inte givet

eller skrivet

i någon blygsam

liten skrift

kanske det har

hamnat ibland spam

det är ingen överdrift

att påstå att Adam

och Eva nog hellre

velat leva

på äppelpaj och glass

och sett ormen

slingra bort i gräset jätteskraj

nåja nåväl en god historia

är alltid fint att höra

vi är idel öra om du

vill framföra ett litet

stycke ur Shakespeares

digra samling

en gamling som jag

som arbetat hela livet på ett

marknadsundersökningsföretag

är lite svag för ställen

som Prag och

Budapest men ingen

jäkla grisfest på någon

charter eller andra avarter

av resandets sköna konst

en tripp till natursköna

gröna Österlen

nynnande på

violen från Flen

medan jag vaggas

till sömns i den murriga kupén

en seglats i lugna vatten

mot Aten där

mottagningskommittén

väntar och du gläntar

på dörren mot historiska

möten eller res till Egypten

för att lösa pyramidens gåta

till Florens för att plåta

Michelangelos David

en segerviss yngling

i carraramarmor

en ökenvandring i Sahara

i sällskap med din farmor

dröm dig hem till Sara

från Skara

svara på en knepig gåta

sluta gråta över

våta drömmar

som sprack

i sina sömmar

ömmar för de svaga

symptom kan vara vaga

laga det användbara

det är dags att nagelfara

vårt valda parlament

att konsekvent protestera

mot alla beslut

som inte hjälper att få slut

på alla krig och övergrepp

nu är tid att visa hut

kan de inte räkna ut

att satsningar på fred

är bra för hela världen

svält ut den onda

vapensmed

som driver på mot

upprustning

och fler soldater

byt destruktivitet

mot livskvalitet

vi behöver sköterskor

och lärarkandidater

vi behöver mer teater

en manöver tvärsöver

blockgränser och utan

politiskt käbbel i rutan

skutan sjunker sakta

ringakta och förakta

allt som inte mynnar

ut i det som gynnar

ett samhälle i välstånd

gå och titta på James Bond

en sofistikerad spion

i sin p1800

dundra fram i flera hundra

kilometer i timmen

börjar få slut på rimmen

strömmingen sinar

i Östersjön

snön smälter bort

i dalar och diken

snart återstår

bara trafiken

vi måste påverka politiken

ett beslut som ser ut

som en tanke

dom har inte

lagt till en manke

på många år

man får fler och fler

gråa hår tror det var

i går som man upptäckte

en skuggflotta

nu får det vara måtta

på tokigheter

finns snart inte en meter

utan en massa

märkligheter

borta i väster

springer en klantskalle

omkring och retar upp resten

av världen

den känslokalle besten

vill öka sitt redan stora

territorium snälla ge oss

lite andrum goda råd har nu

blivit dyra

tåget avgår från

spår nummer fyra

nu närmar sig en ilsken

myra hon är arg och vred

och sprutar syra

fyra elefanter skred

fram på led

de höll varann

i svansen

hade svårt med balansen

sista dansen är inte här än

vi hoppas att Glenn

och Ken och Sven

och alla andra motståndsmän

och kvinnor med för den delen

kan ta oss till slutspelen

så vi får se solen stiga på himlen

vi ska njuta av kaprifolen

vars söta doft påminner oss

om Tyrolen

då känns livet soft

sitt nu stadigt på

ekans toft fatta årorna

och ro tjoho vad

det går undan

vi vill gärna tro

i vår stilla åstundan

att det inte är

nån ko på isen

vi har ju ändå

eld i spisen

grisen bökar

bakom huset

och göken gökar

eller vad den nu

har för sig

Frej har fått slut

av sin tjej ånej

bäst att ta sig

en minut absolut

kanske flytta

österut eller väster

vad vet jag

varför inte ner till Prag

tja inte just idag

måste samla ihop

mitt bohag först

störst en dag av törst

ett begär som förtär

förtar förstör och

drar isär töjer ut

ett elastiskt snöre

kostar inte ett öre

men undvik allt samröre

med problematik som

kan skapa rubrik

i tabloidpressen

ingressen i Expressen

lovar både chock

och erotik

men i texten finns

inte minsta dramatik

ett plus i kanten

kan va att tanten

bor i utkanten

av kommunen

hon har en liten butik

där hon säljer batik

av bästa kvalitet

på gården står

en cabriolet

av gammal årgång

hon sjunger dock

sin svanesång

klädd i sin

bästa morgonrock

inväntar hon nu

slutet av denna

långa drapa

gapa över mycket

och hela jäkla stycket

ja ni vet vad jag menar

försöker stå emot trycket

men det är lätt

att det skenar

iväg och blir längre

än man avsett

sitter här på denna

lilla plätt på jorden

leker och lattjar

med orden

den ansträngda

strängteorin

anses förklara

hur ett sandkorn

och hela Sahara

och inte bara det

utan hela det kända

stjärnklara alltet

är uppbyggt

en tes och en antites

som ställs mot varandra

anses ge upphov

till en hypotes

och därav en

ny tes igen

i all oändlighet

kanske allt

är bara ett samfällt

vibrerande intet

kanske vetenskap

och filosofi kan

tillsammans skapa

den poesi

som förklarar världen

allt från den

egna härden

till den nödvändiga

välfärden det ständiga

flödet av tid för alla

från längst upp i norr

till lilla Smygehuk

står en ny vecka

att tas i bruk

en ödmjuk

bugning i Bollstabruk

en behändig bioduk

för hemmabruk

allt ett fullständigt

obändigt och nödvändigt

sammelsurium

en meter aln och en tum

ger mått på ett rum

ett kraftcentrum

att leva i veva i

sleva i sig av gröten

försöka få upp kokosnöten

det var allt en söt en

söka rädda en genomblöt

katt som flöt

med strömmen

det hände ju bara

i drömmen

den svårgenomförbara

zigzagsömmen

kan skapa onödig

frustration om inte

haspen är på men

man kan fila till den

lite med raspen

man kan resa

till Aspen i Colorado

ett eldorado

för skidentusiasten

kontrasten kunde inte

vara större

än den mellan

den nuvarande

och den förre

Nissen

försök att inte

va vissen

det gäller att sträva

mot högre mål

även med en budget

besvärande snål

ledamoten på sin

höga taburett

måste leverera

hota med din rösträtt

om hen vägrar agera

du vägrar köpslå

vet var skåpet ska stå

alltså du ska förstå

vari sanningen ligger

du behöver ingen

triggervarning bara

en dörröppning

mot det agrara

fruktbara land

där de ska slutförvara

det överblivna

livsfarliga avfallet

i det enorma

tidsintervallet

som knappt går

att förstå

ens om man gnuggar

de små grå

Östhammar

har blivit utsedd

till den kommun

som ska hysa

skräpet hemmafrun

protesterar tänker att

vi kanske fluorescerar

när skiten börjar läcka

vi måste återuppväcka

sunt förnuft vi vill

andas ren frisk luft

det kan bli tufft

att stoppa vansinnet

minnet är kort

halveringstiden

tar oss långt

in i framtiden

friden sänker sig

över nejden

fejden är över

för denna gången

sitter på balkongen

och sippar på

buljongen det är

varmt så vi sitter

i bara kalsongen

där borta rullar

tåget in på

perrongen

mor bakar bullar

årskullar av

skolbarn skejtar

och rullar fram på sina

brädor och

el-skotrar de drar

iväg mot framtida

segrar hoppas de

kan rädda miljön

och klimatet

de får bara inte

fastna i bilkön

hellre sitta och

meta i insjön

eller simma

i havet glida

in i en dimma

kanske höra Aida

beklaga sitt bittra öde

den röde baronen

flög som ett spjut

vet hut kära Rut

lös upp din hårknut

det är dags för din

skivdebut

det dracks en ansenlig

mängd bubbel

vilket fick en

menlig inverkan

på nästa morgons

tidiga grubbel

dags att fundera

på refrängen

dra mig tillbaka

mot sängen

nu har du väl fattat

poängen har du frågor

så får du chatta

du får gärna skratta

åt mina tankar

de drar sig nu tillbaka

in i mina imaginära

dimbankar